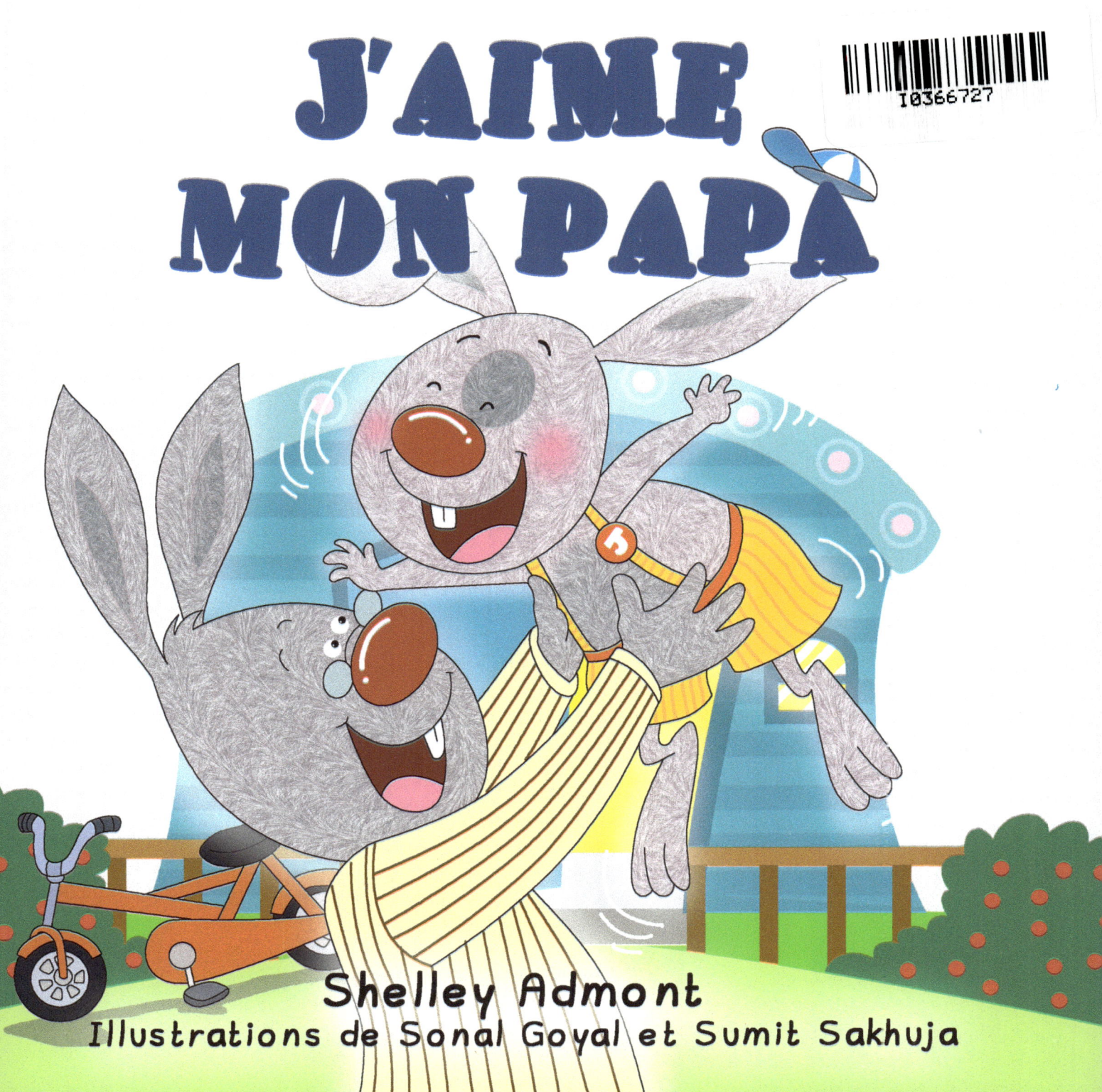

www.kidkiddos.com
Copyright©2014 by S. A. Publishing ©2017 by KidKiddos Books Ltd.
support@kidkiddos.com

All rights reserved. No part of this book may be reproduced in any form or by any electronic or mechanical means, including information storage and retrieval systems, without written permission from the publisher or author, except in the case of a reviewer, who may quote brief passages embodied in critical articles or in a review.

Tous droits réservés. Aucune reproduction de cet ouvrage, même partielle, quelque soit le procédé, impression, photocopie, microfilm ou autre, n'est autorisée sans la permission écrite de l'éditeur.

Second edition, 2019

Translated from English by Sophie Troff
*Traduit de l'Anglais par Sophie Troff*

**Library and Archives Canada Cataloguing in Publication Data**
I Love My Dad (French Edition)/ Shelley Admont
ISBN: 978-1-5259-1756-1 paperback
ISBN: 978-1-77268-483-4 hardcover
ISBN: 978-1-77268-129-1 eBook

*Pour ceux que j'aime le plus—S.A.*

Un beau jour d'été, Jimmy le petit lapin et ses deux grands frères faisaient du vélo. Leur papa, assis sur la terrasse, lisait un livre.

Les deux grands frères riaient aux éclats en faisant la course. Jimmy essayait de les suivre sur son vélo à petites roues.

– Ohé ! Attendez-moi ! Je veux faire la course avec vous ! s'écria-t-il. Mais ses frères étaient déjà trop loin et son vélo trop petit.

Ses frères revinrent bien vite, en rigolant.
– Ce n'est pas juste, s'écria Jimmy. Moi aussi, je veux faire du vélo de grand.

– Mais Jimmy, tu es trop petit, lui dit son frère aîné.

– Et tu ne sais même pas faire du vélo sans petites roues, ajouta son frère cadet.

– Je ne suis pas trop petit ! protesta Jimmy. Je peux faire tout ce que vous faites !

Il courut vers ses frères et s'empara d'un des vélos.
– Regardez-moi ! dit-il.

– Fais attention ! s'écria son frère aîné, mais Jimmy ne l'écouta pas.

Il lança sa jambe en l'air pour essayer de monter sur le grand vélo. À ce moment, il perdit l'équilibre et tomba par terre, en plein dans une flaque de boue.

Ses deux grands frères éclatèrent de rire.

Jimmy se releva et essuya ses mains couvertes de boue sur son pantalon sale.

Les rires de ses frères redoublèrent.

– Pardon, Jimmy, s'esclaffa l'aîné entre deux éclats de rire. Mais c'est vraiment trop drôle !

C'en était trop pour Jimmy. Il donna un coup de pied dans le vélo et courut vers la maison, les joues ruisselantes de larmes.

Papa observait ses fils depuis la terrasse. Il ferma son livre et vint à la rencontre de Jimmy.

– Qu'est-ce qui t'est arrivé, mon chéri ? demanda-t-il.

– Rien, grommela Jimmy. Il voulut essuyer ses larmes avec ses mains sales, ce qui étala la boue partout sur son visage.

Papa sourit et dit tendrement :
– Je sais ce qui va te faire rire…

– Rien ne peut me faire rire pour le moment, dit Jimmy en croisant les bras.

– Tu es sûr ? dit papa en le chatouillant pour le faire sourire.

Il le chatouilla si fort que Jimmy finit par rigoler.

Ils roulèrent sur l'herbe, en se faisant des guilis jusqu'à ce qu'ils hurlent de rire tous les deux.

Secoué d'un hoquet après cette grosse rigolade, Jimmy sauta sur les genoux de papa et lui fit un gros câlin.

– Je t'ai regardé faire du vélo, dit papa en le serrant dans ses bras.
Jimmy écarquilla les yeux.

– Et alors je crois que tu es prêt à en faire sans les petites roues.

Les yeux de Jimmy brillèrent d'excitation. Il se leva d'un bond.
– Vraiment ? On peut essayer tout de suite ? S'il te plaît, papa. S'il te plaît !

– Avant toute chose, tu dois prendre un bain, dit papa en souriant. Nous commencerons l'entraînement demain à la première heure.

Après avoir pris un grand bain et dîné en famille, Jimmy alla se coucher. Cette nuit-là, il eut du mal à dormir.

Il se réveillait sans cesse pour voir si c'était le matin.

Dès que le soleil se leva, il se précipita dans la chambre de ses parents.

Jimmy s'approcha du lit sur la pointe des pieds et secoua doucement son père. Papa se tourna de l'autre côté et continua à ronfler paisiblement.

– Papa, il faut y aller, murmura Jimmy en tirant la couverture.

Papa se redressa et ouvrit grand les yeux.
– Hein ? Quoi ? Je suis prêt !

– Chut… chuchota Jimmy. Ne réveille pas les autres.

Tandis que la petite famille dormait encore, ils se brossèrent les dents et sortirent dans le jardin.

En ouvrant la porte, Jimmy vit son beau vélo orange scintiller dans le soleil. Les petites roues avaient disparu.

– Merci papa ! s'écria-t-il en courant vers son vélo.

Papa lui montra comment monter dessus et comment pédaler.
– À toi de jouer ! dit-il, en mettant un casque sur la tête de Jimmy.

Jimmy inspira à fond, mais il ne bougea pas d'un poil.
— Allez ! Je vais t'aider à te mettre en selle, insista papa.

— Euh, bredouilla Jimmy d'une voix tremblotante. J'ai... J'ai peur. Et si je tombe encore ?

— Ne t'inquiète pas, le rassura son père. Je reste à côté de toi pour te rattraper si tu tombes.

Jimmy monta sur son vélo et appuya sur les pédales, lentement.

Quand le vélo basculait vers la droite, Jimmy se penchait à gauche. Quand le vélo basculait vers la gauche, Jimmy se penchait à droite.

Il lui arriva de tomber, mais il n'abandonna pas – il essaya encore et encore.

Tous les matins, ils s'entraînaient ensemble.

Papa rattrapait Jimmy dès qu'il perdait l'équilibre, et finalement, le petit lapin se mit à pédaler de plus en plus vite.

Et puis un jour, papa le lâcha et Jimmy réussit à faire du vélo tout seul sans tomber une seule fois !

– Et je peux faire la course aussi ! s'exclama Jimmy.

Ce jour-là, Jimmy fit la course avec ses frères.

## ET DEVINEZ QUI A GAGNÉ ?